yukismart.com/b/6ab5b6

AF364390

eins

один

odyn

Ananas

ананас

ananas

Gitarre

гітара

hitara

2

zwei

два

dva

Dinosaurier

динозаври

dynozavry

Zwillinge

близнюки

blyzniuky

3

drei

три

try

Seesterne
морські зірки

morski zirky

Pfirsiche
персики

persyky

vier

чотири

chotyry

Kirschen

черешні

chereshni

Roboter

роботи

roboty

5

fünf

п'ять

p'iat

Finger

пальці

paltsi

Bleistifte

олівці

olivtsi

6

sechs

шість

shist

Süßigkeiten

цукерки

tsukerky

Herzen

серця

sertsia

7

sieben

сім

sim

Muscheln
морські раковини

morski rakovyny

Blöcke
кубики

kubyky

8

Ameisen

мурахи

murakhy

Blumen

квіти

kvity

9

neun

дев'ять

dev'iat

Fische

риби

ryby

Knöpfe

ґудзики

gudzyky

10

zehn

десять

desiat

Kerzen

свічки

svichky

Eier

яйця

iaitsia

2 4 6 8 10

gerade

парне

parne

1 3 5 7 9

ungerade

непарне

neparne

ganz

ціле

tsile

halb

половина

polovyna

rot

червоний

chervonyi

Regenschirm

парасолька

parasolka

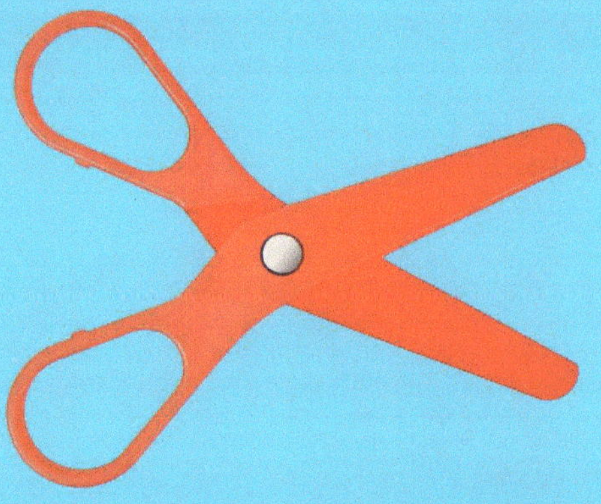

Schere

ножиці

nozhytsi

gelb

жовтий

zhovtyi

Banane

банан

banan

Käse

сир

syr

grün

зелений

zelenyi

Gemüse

овочі

ovochi

Flasche

бутилка

butylka

grau

сірий

siryi

Teppich

килим

kylym

Feder

перо

pero

помаранчевий

pomaranchevyi

Kürbis

гарбуз

harbuz

Orangensaft

апельсиновий сік

apelsynovyi sik

weiß

білий

bilyi

Tasse

чашка

chashka

Umschlag

конверт

konvert

schwarz

чорний

chornyi

Brille

окуляри

okuliary

Hemd

сорочка

sorochka

braun

коричневий

korychnevyi

Geige

скрипка

skrypka

Kuchen

тістечко

tistechko

blau

синій

synii

Badehose

купальні шорти

kupalni shorty

Schwimmbrille

окуляри для плавання

okuliary dlia plavannia

rosa

рожевий

rozhevyi

Eis

морозиво

morozyvo

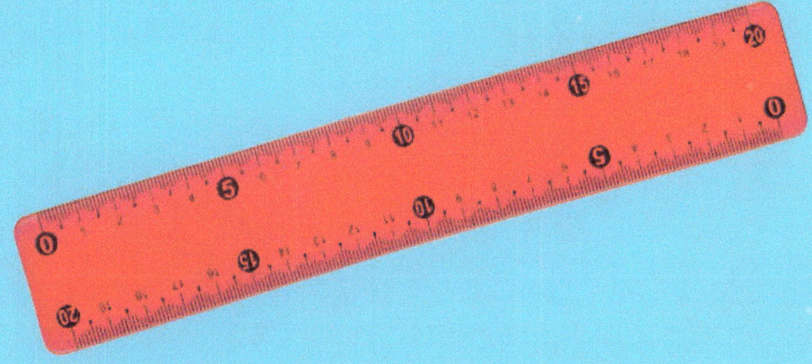

Lineal

лінійка

liniika

lila

фіолетовий

fioletovyi

Würfel

гральні кості

hralni kosti

Fecher

віяло

viialo

helle Farben

світлі кольори

svitli kolory

dunkle Farben

темні кольори

temni kolory

Kreis
коло
kolo

Quadrat
квадрат
kvadrat

Stern
зірка
zirka

Herz
серце
sertse

Halbmond
півмісяць

pivmisiats

Dreieck
трикутник

trykutnyk

Rechteck
прямокутник

priamokutnyk

oval
овал

oval

Tropfen

крапля

kraplia

Kreuz

хрест

khrest

Würfel

куб

kub

Kugel

сфера

sfera

Ring
кільце
kiltse

Kleeblatt
трилисник
trylysnyk

Zylinder
циліндр
tsylindr

Kegel
конус
konus

Linie

лінія

liniia

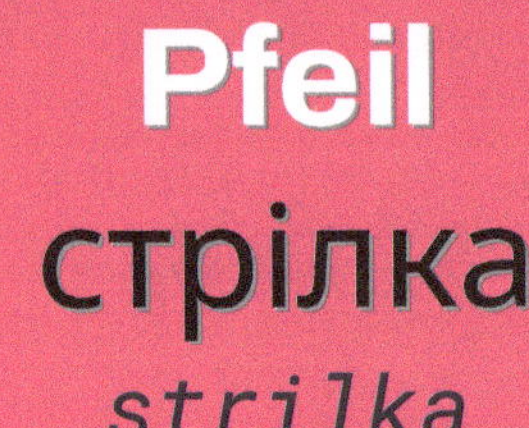

Pfeil

стрілка

strilka

Punkte

крапки

krapky

Zickzack

зигзаг

zyhzah

Kurve

крива

kryva

Spirale

спіраль

spiral

zeichnen

малювати

maliuvaty

malen

фарбувати

farbuvaty

zählen

рахувати

rakhuvaty

schreiben

писати

pysaty

klein

маленький

malenkyi

groß

великий

velykyi

Maus

миша

mysha

Elefant

слон

slon

kurz
короткий
korotkyi

lang
довгий
dovhyi

Wurm
черв'як
cherv'iak

Schlange
змія
zmiia

тонкий

tonkyi

товстий

tovstyi

leer

пустий

pustyi

voll

повний

povnyi

1
2
3

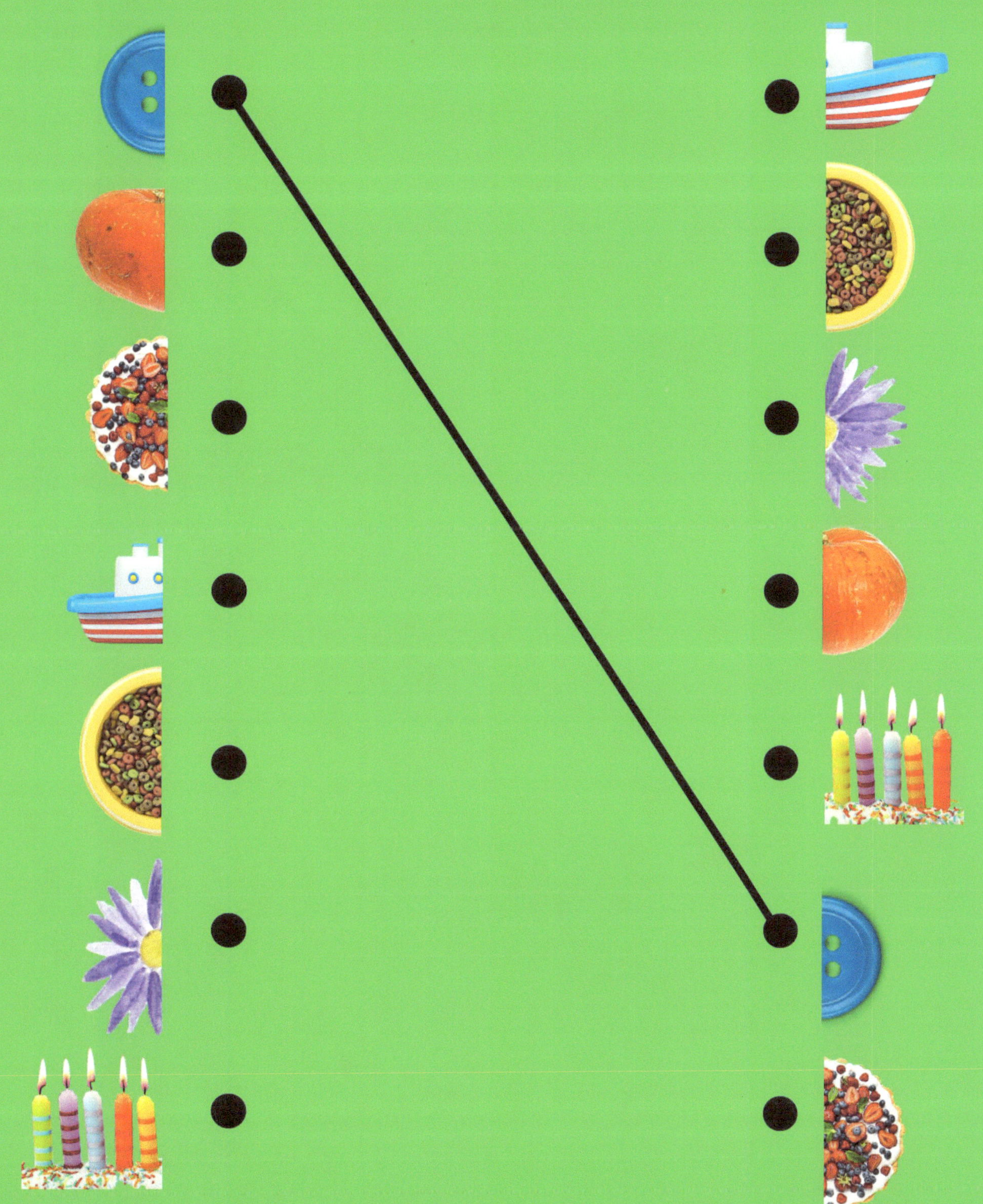